松竹梅　祝儀の花

松真

作例①　若松、竹、梅

花形

真…若松を真にした場合

行…真と草以外はすべて行

草…くま笹を体に使用した場合

花配り

井筒

太い竹を入れる場合は、竹の幅に井筒を組み、竹を一番前に入れます（番号順に井筒を組む）。

右の図のイとロは松か梅となります。

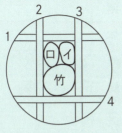

松竹梅

竹真
作例② 松、竹、梅

梅真
作例③ 松、くま笹、梅

真・副・体に何を配するかは自由ですが、通用物の竹を一番前に用いるのが決まりで、松と梅の挿し口は後ろになります。松と梅の挿し口は後ろになります。体を松もしくは梅とする場合は、後ろから前に振り出します。

竹を体に用いる場合は、普通の竹では扱いにくいので笹類（くま笹、女竹の類い）を用います。

直稈の竹は水際より一寸の内に節を見せるのが習いとなっています。また、竹は節の数が奇数になるように用います。

松、くま笹、梅

松、竹、梅

教授者印	要　点	花　器	素　材	年　月　日

感　想

万年青（おもと）

作例④ おもと

実物は祝儀の花として使用しますが、万年青は年中青く、枯れることなく子々孫々にまで繁栄するということから、祝儀花に使用されます。

万年青には多くの種類がありますが、大形で青々とした無地のものを用います。斑入り、縞の物、覆輪の物などの万年青は会席ではいけますが、祝儀花には使いません。

- 古葉＋新葉＋実で構成
- 葉数は偶数で6枚～12枚まで。実は1本
- 花器＝背の低い広口（丸形）
- 役葉の名称
  立葉、露受葉、前葉、流し葉

役葉の名称図：露受葉あしらい、立葉あしらい、流し葉あしらい、露受葉、流し葉、立葉、前葉、立葉あしらい

教授者印	要 点	花 器	素 材	年 月 日
感 想				

水仙 二本生

作例⑤ 水仙

水仙は陰の花の最高のものとして賞翫(しょうがん)するので、冬の間は他の花材の根〆に用いることや、水仙に他の花材の根〆を添えることをせず、真の花形にいけます。

葉に付いている白い粉は、落とさないよう注意して扱いましょう。

花配り
井筒（青竹を使用）

白根（袴ともいう）には高い方と低い方があり、高い方を正面に見せます。後ろの株の白根は前の株の白根よりやや高めになるようにいけます。

- イとロを前角に振り出し、体にする
- ハとニを体真の心持ちで少し陰方に振らす
- ホとへを陽方の前角に振り出し副にする
- トとチを中心に置いて真とする
- 葉は後ろを高く、前を低くいける

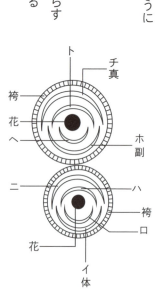

教授者印	要　点	花　器	素　材	年　月　日
感　想				

水仙　三本生

作例⑥　水仙

三本生の場合、真・副・体それぞれを一つずつの株としていけます。通常の生花の挿し口とは異なり、副を真の株の前に挿して、後角へ振り出します。
花は、開花の程度や花数の多少など、変化を付けていけることが大切です。

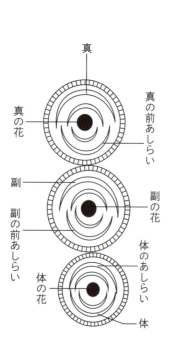

教授者印	要　点	花　器	素　材	年　月　日
感　想				

三船 さんがのふね

出船

三船はいずれも祝儀の場合にいけますが、特に好まれるのは出船です。

普通、生花は床の勝手に合わせて花形を定めますが、釣船は床の本・逆にかかわらず、向かって左の方へ船の舳先（船首）を向けた姿を出船、右の方へ舳先を向けた姿を入船といいます。

作例⑦ さんしゅゆ

帆形

艫形

教授者印	要　点	花　器	素　材	年　月　日

感　想

入船

作例⑧ ぼけ

釣船の舳先が向かって右に、艪形(ろけい)が左にある形を入船と呼びます。花材は靡(なび)き物か垂(た)れ物、蔓物などが用いられます。

艪形が竹の節を切らないように注意します。なお、船をつる高さは床板から約96cm～約108cm前後にします。近くを渡る船の場合は低くつり、枝数は多く用います。遠くを行く船の場合は少し高くつり、枝数も少なくします。

本勝手の形が入船となります。

教授者印	要　点	花　器	素　材	年　月　日

感　想

泊船(とまりぶね)

作例⑨ くがい草

この花器は置船（平太船とも）といい、草の花器ですが真の花形にいけます。物静かなる趣を写し表すのが泊船の生花です。帆を下ろした帆柱の形を思わせるよう、ごく細く整え、船の幅より出ないようにいけます。

14

教授者印	要　点	花　器	素　材	年　月　日
感　想				

生花別伝の花
上中下三段流枝の事

作例⑩ ぼけ、椿

　流枝とは、枝葉のなびいた形をいいますが、その花材の選択は自由で垂れ物には限りません。ただし、無理に折り撓（た）めず、自然の枝ぶりを生かし、美化することが大切です。各役枝やあしらいを強く働かせた部分を流枝と呼び、花律の変化を楽しみます。

（作品は上段流枝）

教授者印	要　点	花　器	素　材	年月日

感　想

上段流枝

作例⑪　れんぎょう、都忘れ

真のあしらいの枝を流す場合は、陰方へ流すことが多いのですが、花材の動きにより陽方に流すこともあります。いずれも体を控えめにすると、流枝が強調されます。
真のあしらいの枝が理想的に流れている場合、それを利用してより美しい形にまとめましょう。

- 真流枝、副流枝、体流枝には必ず座を設ける
- 上・中・下段流枝の名は流枝の出ている部分により定める

教授者印	要　点	花　器	素　材	年　月　日

感　想

中段流枝

作例⑫　海棠、紫ラン

真の後ろの枝を陰方に向かわせるのが普通で、横に大きく流します。また、真の前あしらいを前角に振り出して流すこともあります。副の働く力をよく考えて、両手を広げたようにしないことが大切です。なお、体も小さめに用い、流枝に主眼を置くことは他と同様です。

作例⑬　梅

真の付き枝や副を陽方に流す場合には、流枝をやや高めから出して、奔流のように勢いを付けて流します。真を流した場合は副を控えめに、副を流した場合は副の座を置きます。

梅

海棠、紫ラン

教授者印	要　点	花　器	素　材	年　月　日

感　想	

下段流枝

作例⑭ まんさく、きんせんか

体を小さくかたどり、真の前の下段にある伸びた小枝を生かし、常の体の位置にまで下げて流します。体座は、流枝を避けて下にうずくまるような姿に挿します。

教授者印	要　点	花　器	素　材	年　月　日

感　想

下段流枝

作例⑮ さんしゅゆ

体先を流枝にする場合は、あまり下げることもできず、平凡に流しても面白くないので、流れのごとくなだらかに流します。副は軽く真を抱えるような姿に挿し、流枝を強調するのが好ましいでしょう。

教授者印	要　点	花　器	素　材	年　月　日
感　想				

生花別伝の花
前に副を用いる事

作例⑯　川柳、カラテア、シクラメン

この生花は、床が狭くて奥行きがなく、常の副の配置ができない場合や、花材の状況によって前副が望ましい場合に用いられる手法です。

真の腰および表（陽）は斜め前方を向いて副と和合します。なお、真の後ろに小枝を挿し、陽方の後角に振って副の座とします。

教授者印	要 点	花 器	素 材	年 月 日
感 想				

生花別伝の花
左に躰を振り生くる事

作例⑰　さんしゅゆ

本勝手の生花の場合、本来、体は陰方、つまり向かって右側に振りますが、客人の座り方によって左に振らなければならないことがあります。これを「左体」または「逆体」と呼びます。副は、体が左に振り出されるので内副の形とし、陰方になびきを見せます。

教授者印	要　点	花　器	素　材	年　月　日
感　想				

生花別伝の花
左に躰を振り生くる事

作例⑱　梅

逆勝手の場合でも「左体」の名称は変わりません。

副を陰方になびかせ、通常の副の位置には副座を置きます。

なお、生花別伝にはこのほか、「副はずし」「体はずし」「二方面生花の事」などがあります。

教授者印	要　点	花　器	素　材	年　月　日

感　想

IKENOBO ABC
生花伝花 編

平成29年10月5日　改訂　第1版第1刷発行

発行者	池坊雅史
発行所	株式会社日本華道社
編　集	日本華道社編集部
	〒604-8134
	京都市中京区烏丸三条下ル 池坊内
	電話　編集部 075(221)2687
	営業部 075(223)0613
撮　影	木村尚達
デザイン・制作	Seeds of Communication
印刷・製本	図書印刷株式会社

©NIHONKADOSHA 2017 Printed in Japan
ISBN978-4-89088-122-2

乱丁・落丁本はお取り替えいたします。許可なく複製・コピーすることを禁じます。